AF321512

RAPPORT

AU

CERCLE CONSTITUTIONNEL;

Sur la répression des abus de la Presse,

Par le Citoyen LAURAGUAIS;

Le 9. Vendémiaire an 6.

A PARIS,

DE L'IMPRIMERIE DE LEMAIRE,

rue d'Enfer, n°. 141.

AN 6 DE LA RÉPUBLIQUE.

SE TROUVE

Chez Laran, Libraire, au Palais-
Egalité, N°. 181.

RAPPORT

AU

CERCLE CONSTITUTIONNEL.

C ITOYENS,

Vous donnez à votre réunion républicaine le titre de *Cercle Constitutionnel*,
et à vos conférences celui de conversation.

La commission dont je suis l'organe, et
que vous avez nommée pour préparer les
discussions d'après lesquelles vous pourrez
former un résultat sur la répression des
abus de la presse, a senti l'extrême con-
venance de conformer le genre, le ton de
son rapport à la simplicité, à la familiarité
du titre de votre société : si nous prenions
les accens de la tribune, on ne diroit pas

(4)

que nous voulons y monter, sans nous soupçonner de penser à élever bientôt autel contre autel. Sans doute nous avons un culte, mais le culte de la liberté, au lieu de dogmes, de prêtres, d'encens, de pompes et de puissance, n'adopte et ne suit que les principes de l'éternelle justice. Il est pourtant vrai que ce culte eût des victimes : nous en comptons parmi nous un grand nombre ; mais celles-ci, en bénissant le 9 thermidor, qui les ressuscita, sauront en invoquer un nouveau si elles doivent s'offrir aux coups d'un nouveau tyran.

Citoyens, l'occasion de ce rapport est née parmi vous des plaintes et des réclamations qui vous furent adressées, le premier vendémiaire, par Méchin et par Benjamin Constant ; l'un et l'autre ont mis plus de courage dans l'expression, dans l'abandon de leurs douleurs, qu'il ne leur en eût fallu pour modérer leur indignation et feindre un dédaigneux mépris pour la calomnie à laquelle ils étoient en but. Ils ne vous ont dérobé ni reproches ni ressentimens. N'est-on pas tenté de croire que des gens qui ne dissimulent rien n'ont rien exagéré ? En effet, c'est le cri de leurs douleurs aigues qu'ils ont jeté parmi vous ; et ces douleurs qu'ils ont exhalées étoient réelles pour eux. Quelle impression en conserverez-vous ? ce rapport doit vous aider à déterminer ce doute, mais avant qu'il soit fixé, vous conviendrez que les seuls amis de la liberté en furent d'abord les amans. Vous pardonnerez à de jeunes gens de se passionner pour ses charmes, d'en idolâtrer la beauté ; et, sous le nom d'amour, d'en éprouver les jalousies et mêmes les foiblesses, lorsque nous autres vieillards n'avons acquis le droit d'en professer les principes qu'en renonçant à ses faveurs.

Benjamin Constant se plaignit à vous de voir une foule de journalistes s'attacher à ses pas pour y semer des embûches et tous les poisons de la calomnie. La gravité de cette offense, ainsi que celle de toute autre de ce genre, est d'autant plus forte qu'elle est plus mensongère.

Méchin s'est plaint d'une calomnie véritablement atroce, car elle porte sur un fait extrêmement faux, et qui seroit extrêmement coupable s'il étoit vrai. On l'accusoit d'avoir passé à Paris, la nuit du 18, avec un conspirateur : et cette nuit même il l'avoit passée à sept lieues de Paris, à recevoir les soins de sa famille, inquiète pour ses jours. Leurs réclamations, leurs exclamations étoient donc véritablement fondées? et si, pour partager leur sentiment et leur ressentiment, il suffisoit à notre société de craindre d'éprouver à son tour et bientôt les atteintes de la calomnie, elle est d'autant plus engagée à poursuivre leur justification, qu'elle n'a pu se défendre d'adopter leur proposition, celle de faire un rapport sur la répression de la calomnie.

Tel est l'objet du travail de la commission qui en est chargée, et qu'elle soumet à votre discussion.

Mais, avant d'entrer en matière, Citoyens, vous nous permettrez, sans doute, de vous en présenter l'extrême difficulté. En effet, depuis l'ouverture des états généraux, on s'est occupé de cette question abtruse; mais les meilleurs esprits, après y avoir répandu beaucoup de lumières, n'ont pu cependant qu'en éclairer les ténèbres sans les dissiper.

Il en fut des inspirations de la liberté comme de l'essor des beaux arts. Leurs

admirables inventeurs en donnèrent des
modèles avant que leur postérité en dé-
couvrit les principes. Ils étoient renfermés
dans ces modèles, mais les gens de génie
qui les avoient enfantés ignoroient eux-
mêmes les règles qui devoient un jour par-
venir à l'imitation de leur ouvrage ; le leur
fut une espèce de création. Lors donc de
l'irruption de la liberté en France, toutes
les puissances de l'ame, les passions, l'inon-
dèrent subitement de vérités et d'erreurs.
Vous ne vous étonnerez pas qu'un spec-
tacle aussi nouveau ait donné à ses admi-
rateurs le goût de l'innovation, et que ce
goût soit bientôt dégénéré en une déplo-
rable manie. Si un nouvel ordre de choses
ouvroit véritablement un nouveau siècle
pour nous, on voulut séparer notre siècle
de tous les autres ; on l'appela celui de la
philosophie, parce qu'il avoit bien fallu
laisser celui de *lumières* à celles qui je-
tèrent un éclat si brillant sous Louis XIV.
Et comme l'histoire avoit déja placé les
siècles des beaux arts sous Léon X et Au-
guste, et donné le nom de *génie* au siècle
d'Alexandre, l'espèce d'isolation de laquelle on a voulu nous honorer parut bien-

tôt avoir l'air d'une condamnation. Vous sentez combien seroit étrange la philosophie qui s'isoleroit des sciences, des talens, des arts, puisque les méditations philosophiques qui nous occupent sont le résultat des essais, des poursuites, des efforts qu'ont fait d'âge en âge les divers peuples de la terre pour combiner la morale à la politique dans le meilleur ordre social. Ce problême, qui occupa toutes les générations, vous vous occupez encore à le résoudre. Vons ne serez donc pas surpris que nous vous parlions des lois anciennes sur la calomnie, sur les libelles, sur les injures. Il est d'autant plus indispensable de vous les rappeler ici, qu'elles ont précédé, pour ainsi dire, l'occasion d'en faire usage, puisqu'elles précédèrent la découverte de l'imprimerie, dont les abus multipliés sollicitent l'application de ces lois.

Toutefois, ne craignez pas de notre part un autre genre d'abus, celui de fatiguer votre patience ; nous y comptons pourtant jusqu'à un certain dégré, puisque votre zèle pour la chose publique vous prépare à nous accorder cette patience. Mais comme le patriotisme porte beaucoup plus à l'action qu'à l'attention, loin d'épuiser la vôtre par une érudition d'une prodigue stérilité, nous ne vous présenterons , dans le cours de notre travail, que celles de ces lois dont le tems a consacré la sagesse , et nous vous les présenterons sous un rapport neuf et piquant, puis ce rapport n'est établi sur aucune analogie proprement dite, car notre moral et politique démentent le proverbe : *rien de nouveau sous le Soleil.* Nous ne vous parlerons, par conséquent, jamais de ces lois comme d'autotorités matérielles , commes de modèles découverts dans un pays étranger, et qu'il conviendroit de transporter parmi nous et de nous adapter. Un exemple entre ceux que le cours de ce rapport mettra sous vos yeux, vous fera sentir l'application que nous pouvons tirer pour notre usage du genre de rapport que nous prétendons saisir entre les choses qui ont l'air de s'éloigner le plus : on trouve dans un ouvrage de jurisprudence intitulé : *Traité des injures*, et publié à Paris, en 1785, la section II du chapitre II sous ce titre : *Des injures envers le Souverain.* Vous conviendrez sans peine avec moi, citoyens , que l'auteur de ce chapitre enseigne peut-être ce qu'il ignoroit avant que la révolution put le lui apprendre, et que s'il applique à la souveraineté d'un monarque absolu la doctrine qui convient à la souveraineté du peuple, au peuple souverain, la révolution n'aura eu pour son livre que l'effet de mettre la réalité à la place de la fiction ; et comme, sans y penser, jamais auteur n'aura été si près de la révolution, vous serez moins surpris de voir ceux qui s'y trouvent y penser si peu ou y penser si mal.

Si le droit (1) pour des hommes subjugués par le despotisme se trouve dans la charte écrite ; les républicains ne le cherchent et ne le trouvent que dans la nature des choses. Ils n'ont d'écrit que la déclaration de leurs droits et celle de leurs devoirs.

____

(1) Dans la monarchie les hommes ont un droit, non pas comme, mais ainsi que dans la République.

Blackstone, dans ses commentaires sur les lois de l'Angleterre, a défini le droit *a rull of action* : *la règle des actions* civiles, qui apprend à chaque individu ce qu'il peut faire, lui enseigne quel est son droit. Dans ce sens, le droit de l'esclave est contre les droits de l'homme. Mais la nature de ce droit n'est pas ce qu'on examine ici. Il est question du point de *fait*, qui se confond avec le point de *droit*.

On ne peut donc invoquer formellement, textuellement aucune loi du despotisme, puis que son droit est contraire à celui de la liberté. Aussi notre code pénal abroge-t-il toutes autres peines portées par des lois antérieures, excepté celles qu'il renferme. Aussi, avant le 19 fructidor dernier, n'avions-nous aucune loi contre la liberté de la presse, si ce n'est la loi du 27 Germinal an quatre, contre les provocations séditieuses.

L'article 125 du ʼ des délits et des peines, prononce d châtimens contre les injures verbales. Le tribunal de cassation étendit d'abord cette disposition aux *injures écrites* : il disoit qu'elles n'étoient que des injures verbales authentiquées. Mais il déclara postérieurement que cette disposition ne s'appliquoit qu'aux injures verbales : il ajouta que, pour les injures écrites, ou du moins pour le *dommage en résultant*, il existoit essentiellement une *action civile*. Aussi a-t-on vu plusieurs fois les tribunaux civils prononcer des *réparations civiles*.

Telle est notre législation actuelle.

Le citoyen Daunou proposa le 30 pluviose dernier, au conseil des cinq-cents, une résolution sur les *délits de la presse* ; et le 26 germinal suivant, Portalis détermina le conseil des anciens à la rejetter. Le résumé de ce rapport vous mettra sous les yeux celui qu'il combattit. Mais comme vous ne pouvez pas vous occuper de la répression des abus de la presse, et en général de réprimer toute espèce de calomnie, sans vous éloigner de l'état actuel, et sans vous rapprocher de celui dont vous vous étiez écarté, il n'est pas inutile de vous rappeller maintenant quelle étoit la législation ancienne sur la calomnie.

La jurisprudence de notre monarchie, avoit adopté les loix criminelles des Romains sur la calomnie ; nous appelions injures écrites celles qui l'avoient été dans l'intention d'offenser un tiers et lui faire affront (1). L'injure étoit commise si quelqu'un avoit écrit, composé ou publié soit en vers, soit en prose, un libelle ou écrit quelconque pour diffamer quelqu'un (2).

______

(1) *Generaliter vetuit prætor quid ad infamiam alicujus fecit.* Liv. 15. §. 25. 27. off. *de injuriis.*

(2) *Injuria committitur si quis ad infamiam alicujus libellum aut historiam aut carmen scripserit, composuerit, ediderit.* Inst. Lib. 4. tit. 4. §. 1.

La loi Cornelia (1) faisoit retomber la peine du délit de l'auteur du libelle sur tous marchands et vendeurs de ce libelle.

Dans le langage des anciens jurisconsultes, et suivant les loix rapportées au digeste (2), la calomnie s'étendoit à toute espèce d'injustice entreprise par un homme contre un autre.

Sous ce point de vue général, qui que se soit à Rome, n'étoit exempt de prêter le serment de calomnie quand il intentoit une action légale quelconque, aussi est-il souvent parlé au digeste de *jurejurando sive volunt*, et au code *de jurejurando propter calum* (3). Enfin la loi des douze tables prononçoit la peine du talion contre

---

(1) *De injuriis.*

(2) *De calomniatoribus.*

(3) Comme les Romains avoient reçu des Grecs leur loi des douze tables, l'usage avoit introduit beaucoup de mots grecs et d'hellenismes dans le langage de la jurisprudence romaine ; ce mot de *calum*, employé ici pour *malum* : il vient du mot grec *kalon*, qui veut dire *mauvais*, et dans le langage des lois *malice*. Il avoit cette acception dans nos anciennes lois, et la conserve encore dans celles d'Angleterre, lorsqu'on y pose la question intentionnelle,

tout calomniateur qui imputoit un crime capital à un innocent, la loi *Remmia*, voulut ensuite qu'on imprimat avec un fer chaud la lettre *K* sur le front du calomniateur.

Ce qu'il faut remarquer, c'est l'analogie entre les mots *injures* et *injustice*. Dans ceux-ci la lettre se confond avec l'esprit, ils ont la même racine morale *Jus* droit ; aussi l'injure est-elle une attaque contre le droit d'autrui : et l'injustice est-elle le tort qu'on lui fait dans son droit. La loi *de injuriis et formosis libellis*, définit ainsi l'injure ; *injuria ex eo dicta est quod nonjura fiat.* Il en résulte qu'il n'y a pas d'injure à ne parler que selon son droit et en exécution *de l'ordre des juges* (1), et que les injures sont plus ou moins graves suivant la circonstance du lieu et du tems, de la personne insultée et de celle qui insulte (2).

____

(1) *Is qui jura publico utitur, non videtur injuriæ faciendæ causâ hoc facere. Lib. injuriarum.* 13. §. *iɩ quis de jura.* 6. §. *de injuriâ.*

(2) *Atrocem injuriam aut personâ aut tempore, aut reipsa fieri. Labeo erit persona atrocior sit, cum magistratus parenti, patrono fiat. Lib. Prætor.* §. *atrocem.* 8. §. *de injuriâ.*

Et ceci ne blesse aucunement notre égalité en droit. Car ce que nous avons dit, s'applique à des circonstances variables, mais qui peuvent être communes à tous, et aux distinctions que les différentes magistratures établissent dans notre constitution. Il est clair que les mêmes reproches sur les mœurs d'un homme libre des liens du mariage et d'un homme marié, n'auront pas le même effet. Il est clair que tel propos ne sera qu'indiscret s'il attaque un homme sans caractère public, et devient une offense contre la majesté du peuple, s'il est représentant du peuple.

La voie civile ou la voie criminelle s'ouvrent donc suivant les cas en réparation d'injure (1). Les injures conformes d'ailleurs à la vérité, n'étoient pas moins punies, et la preuve de *fait* n'étoit pas admise.

Tel est l'abrégé des lois des peuples plus ou moins libres, plus ou moins policés, contre la calomnie, soit avant, soit après la découverte de l'imprimerie. Je ne vous

______

(1) *Sciendum est eum qui passurus es de omni injuriâ posse vel criminaliter agere vel civiliter.* Inst. Lib. 4. tit. 4. §. 10.

parle point de ces prétendues loix lancées par quelques empereurs de Rome, contre l'esprit humain. Ces proscriptions ne sont comparables qu'à celles dont la fête du 9 thermidor consacre l'exécration. Mais je vous dirai, citoyens, que l'article 13 de la déclaration du 17 février 1561, les lettres patentes du 10 septembre 1562, l'ordonnance de Moulins, l'article 99 du règlement du conseil, du 28 février 1723, appliquent toutes ces loix anciennes à la jurisprudence moderne et française.

Jusqu'ici, citoyens, nous ne vous avons entretenu que du *matériel* de quelques lois sur différens cas d'une calomnie *positive*, il est tems de vous dire en quoi consiste la calomnie ; sa meilleur définition sera sa description. Vous conviendrez que c'est bien la définir que de peindre ses traits, ses couleurs, ses causes et ses suites ; et vous ne serez pas fâché de vous rappeler que l'ouvrage inutilement tenté par tous les Jurisconsultes, fut pourtant exécuté par un peintre ; Appelles, échappé à l'accusation capitale que lui intenta Ptolémée, composa et laissa dans la ville d'Ephèse son tableau de la calomnie.

La flaterie ouvroit la marche des personnages de son tableau, et donnoit par derrière, ses mains à la ruse et à l'artifice ; celles-ci, marchant à reculons, attiroient à elles la crédulité, la bouche ouverte, les yeux en l'air, les oreilles dressées ; elle s'appuyoit à droite sur l'ignorance, représentée sous la figure d'une femme aveugle, et à gauche sur le soupçon, osant à peine poser le pied à terre ; la calomnie, au regard sombre et farouche, la suivoit, traînant d'une main l'innocence sous l'emblême d'un enfant élevant les yeux au ciel ; de l'autre main la calomnie secouoit une torche dont les vapeurs enflammées formoient un nuage que la vérité, suivie du repentir, en long habit de deuil, avoit peine à percer.

Citoyens, il n'en est pas de cette peinture comme de nos livres, à nous autres avocats ; les nôtres font rarement tableau, et d'après celui-ci on pourroit composer de bons livres. Cela me paroît si vrai, qu'après avoir frappé votre esprit de ces idées par une image sensible, je crois pouvoir passer tout-à-coup à la discussion du rapport de Portalis , sur celui de Daunou, dont je vous ai déjà parlé.

Celui de Daunou étoit plein de talents et de bonnes intentions. Portalis me paroît l'avoir combattu avec une doctrine foible , une logique souvent incertaine , mais avec un art presque toujours perfide. Comme il n'en falloit pas plus , ou peut-être pas moins , lorsqu'il prononça son discours , pour lui donner une grande réputation , il l'obtint complètement. Il faut croire qu'il vous étoit réservé , ci-toyens , de juger son mérite.

Nous entrons en matière.

La résolution , dont Portalis rendoit compte au conseil des anciens , interve-nue dans la forme d'urgence , déclare qu'il est instant de réprimer des délits *qui troublent depuis long - tems l'ordre social , et par lesquels la tranquillité publique est essentiellement compromise.* Ce motif a paru infiniment *sage* à Portalis. Il s'en faut beaucoup que cette expression *sage* soit infiniment juste. En général , sans être contraire à l'idée de nécessité , elle modère tellement le parti forcé auquel la nécessité détermine , que la sagesse s'oppose à l'imprudence. Ainsi, Portalis devoit examiner si la résolution étoit ou n'étoit pas sage , et ne devoit pas honorer du titre de sagesse le motif de cette résolution. Il en suit après la division.

Les délits de la presse ;

Les peines ;

La manière de procéder.

Il établit ensuite « que les uns croyent qu'il importe à la tranquillité de soumettre à une censure préalable, ou à toute autre précaution de police, les journaux , les pamphlets, et généralement tous les écrits destinés à être rendus publics par la voie de l'impression. »

D'autres pensent « que la liberté de la presse doit être illimitée dans son principe comme dans ses effets , et qu'il ne faut pas même autoriser la plainte en justice contre les abus qu'on peut faire de cette liberté. »

Portalis observe « que dans le premier système , la résolution seroit insuffisante , puisqu'elle n'établit aucune forme pour prévenir les inconvéniens que l'on craint, et que dans le second, elle seroit injuste et vexatoire , par cela seul qu'elle annonce la volonté de ne pas laisser les abus impunis. »

Ces deux remarques me paroissent conformes à la saine logique.

Il dit ensuite : « Posons les véritables maximes, qui ne se trouvent jamais qu'entre les extrêmes. »

Ceci est extrêmement faux. Les véritables extrêmes sont le bien et le mal ; tout ce qui n'est absolument ni le bien ni le mal, se trouve entre le bien et le mal extrêmes. On cherche à croire que leur milieu , (puisque milieu il y a) seroit supportable, parce qu'il seroit préférable au mal extrême dont on se croit toujours menacé. Mais en nous supposant tels que nous sommes à beaucoup d'égards, à l'extrême du bien , *les véritables principes* de Portalis ne se trouveroient pourtant qu'en nous éloignant de cet extrême du bien , pour arriver au centre où se touchent le moindre bien et le plus petit mal ; car les extrêmes de l'un et de l'autre sont directement opposés au point de leur contact. La manière de raisonner que je combats est fort en usage à la tribune ; mais j'espère que nous ne la laisserons pas in-

troduire parmi nous autres simples citoyens.

Quand Portalis s'est établi dans son *point
milieu* , il y trouve « que la liberté de la
presse est la faculté de manifester sans
aucune gêne ses sentimens et ses idées par
la voie de l'impression ; qu'on ne peut contester à un être intelligent l'usage de son
esprit , de son jugement et de sa raison. »
Vous voyez les conséquences qu'il en tire.
N'en conclurez-vous pas comme moi , et
contradictoirement à lui , qu'on peut et
qu'il faut contester à un être intelligent
l'usage de son ignorance , de ses vices ,
de sa folie.

Après s'être un peu remué *dans son
milieu ,* Portalis avoue que cette liberté
a ses inconvéniens , et qu'il faut la res-
treindre ; mais elle a aussi ses avantages ,
dit-il , « pourquoi ne pas la respecter ? »
L'objection lui paroît sans réplique ; mais
n'est-ce pas y bien répondre que de lui
demander à notre tour pourquoi il veut
qu'on respecte également les inconvéniens
et les avantages de la liberté. La véritable
question consiste à savoir si les inconvéniens et les avantages de la presse sont tels

lement combinés ensemble, qu'on ne puisse pas les séparer, jouir du bienfait, et se garantir de l'abus. Portalis cherche à prouver qu'ils sont inséparables, et que les avantages l'emportent si fort sur les inconvéniens, qu'il faut en respecter les effets; « qu'enfin un gouvernement ne prouve jamais mieux son impuissance et son ineptie que lorsqu'il attaque d'une manière hostile les droits des citoyens; » que notre vie, nos actions, nos biens ne sont pas plus à nous que notre pensée; qu'ainsi nous avons le droit de la produire, de la publier aussi librement que d'user de notre existence, exposer notre vie et disposer de notre fortune. »

Ce sophisme rentre absolument dans celui que j'ai combattu. Vous pouvez incontestablement user votre vie et votre fortune; mais le faites-vous pour l'état, ou contre lui? Dans le premier cas, il vous doit des récompenses, et dans le second, des châtimens.

Portalis examine ensuite la question de la *censure*. Ce qu'il dit là - dessus suffit d'être remarqué, pour être sévèrement censuré. Il trouve «que la *censure est une es pèce de royauté, une royauté* ! et que, pour en exercer la mission sur les ames, il faudroit l'avoir reçue immédiatement du ciel. »

Portalis dit ensuite « que l'office des lois humaines est de promulguer des peines contre ceux qui, par leurs paroles, leurs écrits, ou leurs actions, troublent la société » Nous n'en demandons pas davantage assurément. « Mais que, paraliser d'avance la faculté de penser et d'agir, pour ôter celle de délinquer, c'est condamner notre espèce à une dégradation qui approche de l'anéantissement. » Ceci est autre chose. Faut-il avoir des barrières sur les grands chemins, ou bien, en ayant l'air de les ouvrir et de les laisser libres, faut-il y répandre de la gendarmerie pour arrêter, dans un lieu quelconque, les voyageurs, parce qn'ils peuvent être des voleurs. On peut n'aimer ni l'un ni l'autre ; mais, puisqu'il faut choisir, je préférerai les barrières. Eh toutes les lois ne sont-elles pas des espèces de barrières ? ne vous disent-elles pas, vous ne ferez point ci, vous n'irez point là, sans être condamnés, en cas d'infraction, à telle

peine, et cet avertissement, n'est-il pas
aussi nécessaire que salutaire, puisque la
maxime la plus incontestable du droit est
que *tout ce qui n'est pas défendu est permis*, ou plutôt qu'il n'y a de permis que
ce qui n'est pas défendu. Mais, ceci ne
lève pas la dificulté; elle existe et sub-
siste dans cette question : Que faut-il défendre ? A cette question le despotisme
répond, *tout*; et la licence, *rien*. Nous
autres, nous interrogeons la raison; nous
attendons sa réponse.

Portalis poursuit ainsi : « Le commerce,
la boussole, quelques découvertes utiles,
et sur-tout l'importante découverte de l'imprimerie, ont produit des révolutions suc-
cessives dans tous les empires, et ont
insensiblement changé la face de l'uni-
vers.... » La force des choses l'emporta
sur les combinaisons et la politique.... »
On paroît craindre la circulation des mensonges, des erreurs, des écrits séditieux,
des libelles; mais ne verra-t-on pas circuler
avec la même rapidité les bons ouvrage de
politique et de morale ? Assurément non;
et si Voltaire a dit, après Boileau :

Ecrive qui voudra, chacun à ce métier
Peut perdre impunément de l'encre et du papier

il a souvent répété, et non pas sans em-
ployer les expressions les plus dénigrantes,
contre la plupart des écrivains de son
tems, qu'ils changeoient le plus beau des
arts dans le plus infâme trafic. Enfin, il
mit en problême si l'imprimerie avoit fait
autant de bien que de mal. La discussion de ce problême, si ce n'est pas un
paradoxe, est hors de notre sujet, qui
consiste encore une fois à savoir si l'on
ne peut pas séparer les avantages de
l'imprimerie de ses inconvéniens.

S'il étoit vrai, comme le prétend Portalis « que si la liberté de la presse peut
quelquefois devenir un instrument redou-
table dans les mains d'un factieux, elle
sert bien plus souvent à déjouer les factions; » la question ne seroit pas dou-
teuse; mais des factions supposent un état
de troubles dans la société, et de guerre
entre les factieux. Dans cet ordre, ou
plutôt dans ce désordre public, les écrits
ont perdu leur force perturbatrice. Elle
est très-propre assurément à exciter des
factions, à les former, à les nourrir, à
les aigrir, mais jamais à les servir. Ce
que nous disons est tellement vrai, que

Portalis le confirme lui-même contre son intention, en remarquant que, « si on a vu, dans ces derniers tems, la publication de certains écrits liée à de grands événemens; on se tromperoit, si l'on pouvoit croire que ces événemens ont été le produit de cette publication. » Si ces écrits n'ont été que l'effet ou la suite des événemens, ils auront donc, sans en être la cause victorieuse, fatigué les lecteurs et tourmenté le gouvernement. Il n'est pas moins vrai, et nous en convenons franchement avec Portalis, « que, pour être prévenus, une multitude de maux n'ont besoin que d'être dénoncés; et que jamais Roberspierre n'eût établi le régime de la terreur, s'il n'eût commencé par enchaîner la liberté de la presse. » Il faudra revenir sur ceci, en parlant de l'art. 35 de la loi du 19 fructidor.

Nous sommes encore plus loin de ne pas convenir, avec Portalis, « que la liberté de la presse est formellement consacrée par l'acte constitutionnel. » Il auroit dû rappeler l'art. 355 du tit. 14 de la constitution; » mais nous le dirons avec fran-

chise , lorsque la commission présenta
notre constitution actuelle à la convention , elle étoit si fatiguée d'elle-même ,
le poids de son autorité sans exemple l'a-
voit tellement accablée, qu'à cette époque
d'épuisement , elle aspiroit plutôt à se
soumettre à des lois générales , qu'à s'y
soustraire. En mon particulier , j'ai cru
voir, dans les combats que Daunou eut
à soutenir pour sa gloire, lors de la discussion de l'acte constitutionnel, qu'il en
pressoit l'acceptation afin d'éviter la tyran-
nie ou l'anarchie menaçantes. J'ai cru
voir qu'il désespéroit de séparer la terreur de l'horreur, et qu'en imitant Solon,
il ne proposoit pas cette constitution
comme la meilleure qu'on pût avoir, mais
que nous pussions recevoir. C'étoit un
port qu'il avoit découvert, et qu'il nous
offroit après bien des naufrages. Toutefois
si l'on trouve la liberté de la presse consacrée dans l'acte constitutionnel, on
trouve aussi la définition de la *liberté* dans
l'art. 11 de la déclaration des droits.

La liberté consiste à pouvoir faire ce
qui ne nuit pas aux droits d'autrui.

Ceci nous ramene au point de la discussion , et la décide : car si , la liberté comme principe consiste à pouvoir faire ce qui ne nuit pas aux droits d'autrui , toute autre liberté secondaire et de *genre* , pour ainsi dire , est donc soumise à la liberté du premier ordre ; ainsi personne n'a la liberté de faire ce qui nuit à autrui.

Par un étrange abus de l'esprit , on a pourtant voulu attribuer ce privilège aux écrivains. Portalis le remarque, on prétend, dit-il , qu'un écrivain n'est pas infaillible ; nous aimerions autant entendre dire , répond Portalis , qu'un citoyen n'est pas impeccable , et par conséquent qu'on ne sauroit le punir pour ses crimes.

C'est évident : sans doute ajoute l'orateur dont nous parlons , « le droit que le pacte social donne au souverain sur les particuliers , ne peut jamais passer les bornes de l'utilité publique. Mais n'importe-t-il pas à l'état que des écrits séditieux ne circulent pas dans la société ? Que les bonnes mœurs soient respectées ? Que les crimes et les meurtres ne soient pas prêchés et provoqués ? Qu'aucun citoyen ne soit exposé à la diffamation ? »

« Il faut que les lois vengent l'injure, ou

qu'elles se résignent à tolérer toutes les vengeances privées , et dès-lors, plus de paix publique. Dans l'état civil , chacun pour sa propre sûreté a intérêt, et est en droit de s'informer si un autre se croit obligé d'être juste , honnête , fidèle aux lois ; et le souverain qui a sous sa garde les droits et les intérêts de tous , est incontestablement autorisé à examiner les motifs publics et avoués sur lesquels chacun fonde cette obligation. On peut donc sévir contre les écrits dangereux , et flétrir ceux qui les promulgent.... Ce qui est certain , c'est que dans aucune société policée , on ne peut tolérer les libelles , les scandales, les provocations à la révolte, les ouvrages licencieux. La presse doit être libre , mais les abus de la presse ne doivent pas être impunis. Donc le conseil des cinq-cents a très-sagement fait de manifester par sa résolution la volonté ferme de réprimer ces abus par des peines. »

Si Portalis disoit ce qu'il ne pensoit pas , votre commission pense ce qu'il a dit. Mais voyons, poursuit-il, si cette résolution remplit l'objet que l'on se propose.

« Elle a pour titre , *résolution sur les*

délits de la presse. En proposant une loi particulière sur cet objet, c'est comme si en matière d'assassinat, l'on proposoit une loi sur les délits du sabre et du pistolet. Il est défendu d'assassiner ; l'instrument qui sert à commettre le crime n'en change point la nature » : votre commission en est d'accord. Portalis examine ensuite les détails de cette résolution. Le premier article ne lui donne lieu à aucune réflexion. « Par le second, on déclare que toute *personne offensée par une imputation imprimée a le droit de rendre plainte en diffamation de calomnie.* Rien n'est plus équivoque, dans la matière dont il s'agit, que les mots *offense, offensé, offensant.* Ces mots désignent bien plus l'impression que reçoit celui qui est l'objet de l'imputation faite, qu'ils ne désignent la nature et les caractères de l'imputation elle-même. » Votre commission, citoyens, pense que cette remarque est importante et juste. Portalis distingue ensuite avec raison ce que l'amour-propre cherche à confondre ; la critique et la satyre ; la plaisanterie et l'injure. La critique et la plaisanterie attaquent les prétentions d'un homme, elles ont ce droit, toute prétention, fut-elle même odieuse , est encore ridicule. Les vices écrasent le ridicule; les prétentions , quelqu'insupportables qu'elles soient , le conserve à leur suite. C'est le privilège exclusif des prétentions, et vous leur conserverez celui là, citoyens. Mais la satyre poussee jusqu'à l'injure , attaque l'état de l'individu , blesse son caractère social : c'est un crime. Il faut donc , selon Portalis , juger la gravité de l'injure par l'intention du délinquant : et par la nature du dommage » c'est incontestable , et ce fut aussi la jurisprudence de toutes les nations. *La résolution , ajout-il , ne détermine rien de tout cela.* Elle parle vaguement de toute *personne offensé.* Pour toute *offense quelconque , elle autorise indifféremment la plainte en diffamation de calomnie.*

« En termes de Jurisprudence , qu'est-ce-donc que la diffamation? Qu'est-ce que la calomnie? La diffamation est la promulgation de choses infamantes , vraies ou fausses ... . La calomnie est la fausse imputation d'un délit. La plainte en diffamation ou calomnie ne peut donc compter que pour des imputations extrêmement graves.

L'article que nous discutons pêche donc par sa base. » Votre commission le pense aussi, et vous savez que ces principes sont fondés sur la jurisprudence universelle.

Portalis arrive à l'article 2, « Il consacre, dit-il, le principe qu'il *est permis* de censurer les opinions politiques publiquement manifestées, et les actes des fonctionnaires publics, ainsi que ceux des autorités constituées ». Rien ne paroît plus sage à Portalis, ce sont ses termes ; votre commission le pense, mais elle vous recommande d'insister sur la distinction précise qui donne à la censure et à l'injure leur caractère particulier. Cette distinction établie et sévèrement maintenue contribuera à polir un art étrangement rouillé depuis quelques tems.

Après avoir été d'accord avec Portalis, nous allons commencer à ne plus nous entendre. « On conçoit, dit-il, pourquoi le Souverain, en quelques mains que soit la souveraineté, est le régulateur suprême des faits et des actions, c'est que les actions peuvent être classées et réglées par les lois, mais les lois ne peuvent enchaîner le jugement et la pensée ». Cette phrase,

en quelques mains que soit la souveraineté,
est d'autant mal sonnante, que l'alternative
qu'il suppose ici, et qu'il admet comme
indifférente, n'a aucune puissance directe
sur la conclusion qu'il pourroit tirer de la
souveraineté légitime du peuple ; aussi
n'est-ce qu'après plusieurs divagations qu'il
arrive à conclure « que la faculté reconnue
par l'article 3 est menacée par les exceptions annoncées dans l'article 4. L'application qu'on y fait, dit-il, des *person-
nalités* ou imputations *offensantes*, de-
viendroit une source journalière de vexa-
tions. On sait ce que c'est qu'une *injure
qualifié*, mais peut-on savoir avec la même
précision ce que c'est qu'une *personnalité
offensante* ; un trait de chaleur, une tour-
nure hardie, un mot piquant, amer, peuvent être présentés comme une personnalité
offensante ; faudra-t-il les punir comme
des injures ? » Votre commission, qui se
pique beaucoup moins de délicatesse que
de patriotisme, ne le pense pas, et pense
au contraire, avec Portalis, « qu'une
sainte hardiesse est inséparable du zèle
avec lequel un citoyen généreux attaque
et combat l'injustice, ou défend les

intérêts de la patrie méconnus ou vio-
lés ».

« Il faudroit donc ne donner action que
contre les injures proprement dites, qui
attaquent la probité ou l'honneur, sans
cela le droit de censure devient illusoire ».
Votre commission admet tout cela.

Portalis examine ensuite l'article VI.

« Lorsqu'une imputation offensante,
porte cet article, sera dirigée contre un
individu qui ne sera désigné que d'une
manière indirecte, comme par une ou par
plusieurs lettres de son nom, par des in-
dications de lieu, de tems, de profession,
de fonctions ou autres quelconques, celui
qui se croira désigné aura action contre
l'auteur de l'imputation, à moins que
celui-ci ne déclare qu'il a entendu la diriger
contre un autre individu qu'il nommera,
et qu'il n'imprime cette déclaration dans
le plus prochain numéro de son journal,
s'il en rédige un, et, s'il n'en rédige pas,
par affiches qu'il remettra, au nombre de
trois cents exemplaires, audit plaignant.
Cette déclaration sera annoncée purement
et simplement, sans explication ni condi-
tions ».

Portalis trouve cet article « extrêmement vicieux. La méchanceté est toujours ingénieuse, dit-il ». Dieu merci, elle l'est très-rarement ; les gens qui mordent comme les chiens aboyent aussi comme eux. Mais ce que dit Portalis, sous le nom de méchanceté ingénieuse, n'en sera que plus vrai et plus fréquemment vrai sous sa véritable dénomination, celle de sens commun. « Un citoyen sera cruellement diffamé, dit-il, on le désignera de manière que personne ne pourra s'y méprendre ; voudra-t-il intenter une action, l'écrivain contre lequel il aura dirigé sa plainte nommera un être postiche, un personnage de fantaisies, ou quelque vil suppôt qui n'aura rien à perdre, et qui consentira à échanger son honneur contre de l'argent. La résolution est si peu prévoyante, qu'en autorisant l'écrivain à nommer l'individu qui a été l'objet de ses calomnies, elle n'exige pas même que cet individu soit connu et domicilié. Cette omission est d'autant plus remarquable que quand, dans un autre article, on donne action contre l'imprimeur d'un écrit sans nom d'auteur, on ne relève cet imprimeur de toute responsabilité, qu'autant qu'il peut nommer un auteur connu et domicilié en France. Pourquoi ne pas prendre la même précaution dans le cas présent? Au reste, l'action ne peut être contestée à la personne clairement désignée, et on ne doit autoriser aucun subterfuge tendant à éluder frauduleusement cette action ».

Votre commission trouve tout ceci incontestable.

Dans les artiles 7, 8 et 9 de la résolution, poursuit Portalis, on décide,

1°. *Qu'il y a responsabilité et action, comme pour un délit public, si en imprimant son opinion sur les lois et sur les arrêtés du directoire exécutif, en discutant leur justice, leurs inconvéniens, les moyens d'exécution, on incite à la désobéissance, on déclare qu'on n'y obéira point, on annonce que les citoyens n'y obéiront pas.*

2°. *Qu'il y a de même responsabilité et action si, en écrivant sur les lois et les arrêtés du directoire, on se permet des imputations offensantes contre le corps législatif ou le gouvernement.*

3°. *Que l'article premier de la loi du*

*27 Germinal an 4, et les art. 4, 7 et 8
du même mois , dans lesquels sont mentionnés les autres délits de la presse, conti-
nueront d'être exécutés , sauf les modifi-
sations apportées par la présente résolution.*

« Un juge , dit Portalis , ne croira-t-il
pas que censurer une loi c'est inciter à
lui désobéir. » N'auroit-il pas été plus
juste de reprocher à la loi d'inciter le juge
à lui obéir, malgré sa conscience. Toute
loi équivoque est radicalement vicieuse.
« La résolution dit qu'il y a de même responsabilité , action contre ceux qui se per-
mettent des imputations offensantes contre
le corps législatif ou le gouvernement.
Est-il possible d'entendre parler d'imputations offensantes? . . . Il ne peut y avoir
contre le corps législatif et le gouvernement que celles qui menacent l'état. Mais
les simples injures , vraies ou fausses ,
dirigées contre la législature ou le gouvernement , dont aucun particulier n'est
l'objet particulier , ne doivent être flétries
que par le mépris. »

Votre commission n'entend pas le privilège inverse de toutes les prérogatives que

Portalis accorde à chaque membre du corps
législatif et du gouvernement. Chaque
membre, soit de la législature, soit du
gouvernement, ne jouit de la plénitude
de son caractère public que pendant l'exercice de ses fonctions. Hors de là, et dans
le sein de la société, il est simple citoyen;
et s'il attire constamment à lui une considération différente de celle que le mérite attache aux personnes, il en jouit à
chaque instant, parce que, d'un instant
à l'autre, il peut exercer des fonctions pu-
bliques. Or n'est-il pas extraordinaire de
les priver comme membre du corps col-
lectif de la législature du droit d'action,
dont chacun d'eux jouiroit comme simple
membre de la grande famille ? Sans doute,
ainsi que le dit Portalis, « la chose que
doit craindre le plus le gouvernement est
la flatterie. » Mais ce n'est pas, comme
il le prétend, la seule chose qu'il ait à
redouter.

Sans doute « dans les états despotiques,
la moindre satyre contre l'autorité est pour-
suivie comme un crime capital; enfin,
ajoute-t-il, et ceci devient plus pressant
et plus ingénieux en resserrant ses pensées

et ses expressions ; quel que soit le caractère public d'un individu, comme individu
il doit conserver l'action en injure ; s'il
poursuit, il est juste ; s'il pardonne, il
est généreux ; mais quel qu'il soit, il ne
peut être jamais assez grand pour oser
dire que les traits de la calomnie ne sau-
roient l'atteindre. C'est la représentation
nationale qui seule soit élevée à cette hau-
teur. On pourroit vous rappeler ici, citoyens, qu'il fut un temps où la convention convint plusieurs fois, et sans aucun
détour, de son avilissement. Et vous sentez que si le vrai moyen de forcer le res-
pect est d'être respectable, il est pourtant
des esprits pervers, factieux, insolens,
pour qui les objets de la vénération publique seront ceux de leur malédiction ;
et celle-là doit être punie plus sévèrement
qu'aucune autre, en assujétissant toutefois la preuve du délit aux formes légales
par lesquelles les preuves s'acquièrent.

Portalis dit ensuite « que la commission
dont il étoit l'organe n'avoit aucune obser-
vation à proposer au conseil des anciens,
sur la disposition relative aux lois de germinal dernier, déclarées exécutoires dans

toutes les parties auxquelles il ne sera pas dérogé ; mais qu'il eût desiré que dans l'énumération des délits publics, on n'eût pas omis les écrits publics contre la morale et les bonnes mœurs. » Il a incontestablement raison dans le sens qui n'étoit pas le sien. Il n'est pas plus permis d'offenser la morale, les mœurs d'un pays, que son gouvernement. Chacun de ces êtres politiques a une force morale, et doit devenir constitutionnelle, car toute force qui ne seroit pas dans la constitution, seroit une force ennemie ; et si l'accord de ces forces compose la puissance publique, leur discordance annonce l'anarchie.

Nous suivrons maintenant Portalis dans l'examen du titre 2 de la résolution. Ce titre fixe les peines.

« On abroge la *peine de mort portée* par les lois de germinal dernier, contre la *provocation par la voie de la presse aux délits mentionnés.* »

On déclare que ces *peines ne seront infligées que lorsque la provocation sera précédée, suivie ou accompagnée d'attroupemens séditieux, ou qu'elle sera liée à*

une conspiration, ou suivie d'accomplis-
sement, ou même de tentative des crimes
énoncés auxdites lois.

La provocation pure et simple n'est punie
que d'un an d'emprisonnement, par la
voie de la police correctionnelle, et en
cas de récidive, de deux ans de déten-
tion par les tribunaux criminels.

Portalis, après avoir applaudi aux vues
qui déterminent le conseil des cinq cents
à diminuer la rigueur des lois, qui de-
viennent impuissantes à force de rigueur,
déclare que la commission n'adopte point
les principes de ce code pénal.

Il remarque d'abord « que, la prison
flétrit l'esprit et abat le cœur. » En effet,
il n'est pas rare de voir sortir des prisons
des gens plus coupables après leur expia-
tion qu'ils ne l'étoient avant leur puni-
tion.

Portalis dit ensuite, « que, les peines
doivent être relatives à la forme de chaque
gouvernement. » Il y a deux mille ans
qu'Aristote l'a prouvé ; « qu'un emprisonnement de deux ans étant la plus grande
peine proposée dans le projet de loi, cette
peine est trop foible contre le scélérat qui

aura compromis la vie d'un honnête homme.
Que les libellistes qui attaquent la réputation devroient être punis par une peine
infamante , la privation des droits politiques , l'exposition du coupable en place
publique. » Ceci est conforme soit à la
lettre , soit à l'esprit de toutes les lois anciennes. « Que la prison étant un châti-
ment trop foible contre certaines calomnies
atroces , est trop fort contre certains écrivains qui ont plus de légèreté dans leur
conduite que de malice. » Tout le système
pénal de la résolution a paru à Portalis
vicieux sous tous les rapports.

Votre commission le croit tel.

Portalis passe ensuite aux articles qui
disent *qu'à défaut de caution , le tems
de l'emprisonnement sera du double* , et
déclare que la commission a trouvé ces
dispositions évidemment injustes.

Cela nous paroît évident.

Portalis arrive enfin au titre 3 , concer-
nant la manière de procéder.

Nous ne vous dirons que le mot nécessaire sur cet article , citoyens ; mais vous
sentez combien le genre de tribunaux et

leur attribution intéressent la sureté générale.

« On attribue, dit-il, aux tribunaux de police correctionnelle l'instruction et le jugement de tous les délits de la presse dont la connoissance n'a pas été attribuée à d'autres tribunaux. Les injures écrites à l'occasion et dans le cours d'un procès sont de la compétence du tribunal saisi de ce procès ; il est décidé que *le plaignant pourra se pourvoir pardevant le tribunal de police correctionnelle de l'arrondissement dans lequel a été imprimé l'écrit contenant imputation.*

On autorise *les fonctionnaires publics à se pourvoir, soit dans l'arrondissement où ils exercent leurs fonctions, soit dans celui où ils ont été nommés à ces fonctions par une assemblée primaire ou électorale.*

Portalis remarque là-dessus que le délit de la presse étant continu, parce qu'il se produit tout entier dans chaque lieu où l'écrit parvient, il étoit naturel de laisser dans ce cas au plaignant, la latitude convenable au choix du tribunal : cela nous paroît très-juste.

Enfin, la résolution porte que si le défendeur en action de diffamation ou calomnie, veut opposer la vérité à l'imputation, il sera admis à en faire preuve lorsque les faits imputés seront qualifiés délits emportant peine afflictive ou infamante.

« Mais, dans ce cas, il sera obligé de déclarer, dès la première audience à laquelle il se présentera, qu'il entend se rendre dénonciateur civique, et tout demeurera subordonné au sort de la dénonciation. »

« Si les faits imputés ne sont pas qualifiés délits emportant peine afflictive ou infamante, le défendeur n'en pourra faire la preuve que par écrit. Il sera tenu de la présenter à la première audience, sans qu'il puisse lui être accordé aucun délai.

Portalis arrive enfin à se résumer en ces termes.

« La liberté de la presse doit être inviolable, mais les abus de cette liberté ne doivent pas être impunis.

« La loi à faire est une loi générale sur les injures verbales, gravées, écrites ou imprimées, et sur les libelles contraires aux lois et aux mœurs.

« L'action en injure doit compéter à tout citoyen. »

« Telles sont les idées générales d'après lesquelles il semble que l'on peut poser les bases d'une résolution nouvelle. »

« Celle dont il est question ne définit point les délits sur lesquels elle statue, tout demeure vague et arbitraire. »

« Elle pêche par la nature des peines qu'elle prononce et par leur défaut de proportion. »

« Elle est vicieuse par la procédure qu'elle trace, et se montre trop favorable aux diffamateurs par les exceptions étranges qu'elle leur ménage. »

« Elle offre des omissions importantes. Elle est injuste dans quelques dispositions de détail. »

« Des lois vicieuses détruiroient la liberté, il faut réprimer la licence. »

Tel est, citoyens, l'extrait du rapport de Portalis. Nous n'aurions pu l'abréger davantage, sans le dénaturer peut-être, et sûrement sans exténuer un travail dont nous devions nécessairement suivre le plan et l'exécution. Vous avez vu nos observations sur chacun des détails

de ce rapport , qui n'annonçoient pas
un résultat aussi conforme à la sévérité
des principes que ce résumé. Mais tel est
l'effet des formes dialectiques d'un résumé.
La sécheresse de leur laconisme fane les
fleurs de l'imagination; dissipe les impos-
tures de l'esprit; vous force enfin à mon-
trer leur squelette, qui certainement est
une vérité, ou bien un mensonge. Aussi
les sophistes manquent-ils rarement d'éta-
blir leurs erreurs, de leur donner les
charmes de la persuasion, et puis d'aban-
donner la vérité à vos dégoûts. Nous vou-
drions que le résumé dont il s'agit pût
être aussi la base du nôtre, mais il ne
nous conduit qu'à vous parler de la nouvelle loi du 19 fructidor, art. 35.

Cet article paroît une chose nouvelle,
paroît inconstitutionnel, paroît formellement contraire à l'artcle 353 de la
constitution; et comme sa force répressive
n'exista pourtant pas dans le tems où la
terreur étoit à l'ordre du jour, elle paroît plus tyrannique que toutes les lois
des tyrans dont le 9 thermidor nous a
vengés. Voilà l'exposé fidèle de l'état de
la question.

Cette loi paroît nouvelle ; en effet, dans le cours de ce rapport nous vous avons fait observer que Portalis, en citant l'article 353.

Nul ne peut être empêché de dire, écrire, imprimer et publier sa pensée.

Les écrits ne peuvent être soumis à aucune censure avant leur publication.

Nul ne peut être responsable de ce qu'il a écrit ou publié, que dans les cas prévus par la loi.

Portalis garde un profond silence sur l'art. 355, qui statue sur les *cas prévus par la loi,* énoncés comme possibles par l'article 353.

Cet art 355 porte textuellement : il n'y a ni *priviléges, ni maîtrise, ni jurande, ni limitatiou à la liberté de la presse, du commerce, et à l'exercice de l'industrie et des arts de toute espèce.*

Toute loi prohibitive en ce genre, quand les circonstances la rendent nécessaire, est essentiellement provisoire, et n'a d'effet que pendant un an au plus, à moins qu'elle ne soit formellement renouvellée.

Cette loi n'est donc pas *nouvelle,* car

elle est du 5 fructidor an troisième de la République française.

Cette loi n'est donc pas inconstitutionnelle, car elle se trouve art. 355 de la constitution. Mais, indépendamment du point de fait, cette loi paroît à votre comité tellement constitutionnelle, qu'elle est dans l'esprit de toute constitution véritable, et particulièrement dans l'esprit de notre constitution.

On dit à cela que Baudin, du conseil des anciens, y a soutenu que ce paragraphe répressif de la liberté de la presse, article 355, y fut ajouté par Louvet. Il falloit bien qu'il fut proposé par quelqu'un, n'importe que Louvet ou tel autre l'ait fait admettre, la vérité est qu'on l'y trouve. Mais j'en conviens nettement, si le texte d'une loi suffit pour ôter à un citoyen tout prétexte d'y résister. Ce texte est insuffisant pour convaincre de sa justice un bon esprit, et soumettre une ame républicaine; aussi vais-je appliquer à la discussion présente, ces belles paroles de Cicéron.

Non ergo à Praetoris edicto ut plerique nunc ; nequea duodecim tabulis, ut supe-

riores sed penitus ex infimâ philosophiâ hauriendam juris disciplinam putas.

Ce n'est pas dans l'édit du préteur, ainsi que le prétendent la plupart de nos juris-consultes modernes ; ce n'est pas dans la loi des douzes tables, ainsi que le prétendent les anciens, qu'on trouve les principes de la législation, c'est dans les sources profondes et sacrées de la philosophie.

On peut donc demander à toutes les lois, de quelle source tombez-vous ? (1) Tout Républicain peut la faire aux lois de son pays, quoiqu'il n'en soit pas le magistrat suprême.

Je ne dirai donc plus pour soutenir l'article 355, il est dans la constitution ; mais je me demanderai doit-il y être ?

Cette question est nette, et j'y répond nettement par l'affirmation.

Il ne s'agit donc maintenant que de la démontrer.

Si l'on prétendoit que l'article 355, est textuellement contraire à l'article 353, qui le précede, je répondrois à cette ob-

____

(1) Horace faisoit la même question aux mots qui s'introduisoient dans le langage : *A quo fonte cadunt.*

jection, comme à toutes celles de même genre, que chaque article d'une constitution quelconque, et par conséquent de la nôtre, découle ou doit découler des principes de toute constitution proprement dite, de la déclaration des droits de l'homme. Voilà la source sacrée de toutes les lois, elles en découlent ou bien y doivent remonter. Or, si le premier article de la déclaration de nos droits humains, avant de nous rendre citoyens, porte :

Les droits de l'homme en société sont la liberté, l'égalité, la sûreté, la propriété.

Le second article de cette déclaration, qui nous fait entrer dans l'état social, définit ainsi en quoi consiste la liberté ; cet article le voici,

La liberté consiste à pouvoir faire ce qui ne nuit pas aux droits d'autrui.

Voilà le principe. Son développement, ses applications à toutes les parties organiques du corps politique, à tous ses mouvemens quelconques, tendent assurément au plus grand bonheur social ; et toutes les combinaisons par lesquelles on arrive plus près, ou l'on s'écarte plus loin de ce but, sont renfermées dans le calcul qui nous

déterminé , soit à conserver le moins de
nos droits naturels , pour acquérir une plus
grande somme de droits civils , soit à re-
noncer à ceux-ci , pour jouir en société de
la plus grande somme de nos droits naturels.

Quand il y a compensation entre les sa-
crifices et les jouissances de convention ,
on vit-dans un gouvernement mixte.

Lorsque cette compensation qu'il est plus
aisé , selon Tacite , *d'admirer que de trouver. Potius mirari quam invenire* , n'est
pas exacte, on tend plus ou moins vers la
démocratie , où l'on est déjà courbé plus
ou moins vers le despotisme. Ces idées me
paroissent aussi justes que lucides.

Je rentre dans la discussion , et après
vous avoir dit que tout principe est nécessairement métaphysique , je vois qu'il ne
peut devenir *social* qu'en prenant la forme
légale qui applique ce principe à telle ou
telle chose réelle ; et j'en conclus , que
toute loi qui ne plie pas assez le *principe*
pour le rendre docile sous la main du gouvernement qui doit s'en servir , et l'em-
ployer ; lui prépare une difficulté , au
lieu de lui donner une faculté.

Je dirai ensuite que la rédaction de l'article 353 est vicieuse , parce qu'elle remonte trop vers l'indépendance naturelle, et ne se soumet pas assez au principe universel de toute société, *que la liberté ne consiste qu'à pouvoir faire ce qui ne nuit pas aux droits d'autrui.*

Après cette censure philosophique et républicaine, je dirai que ce qui me paroît vicieux dans l'article 353 , me paroît amendé, corrigé par l'article 355.

Ici, je dois prévenir et me proposer une objection afin de la résoudre.

Cet article 355 , est contraire dira-t-on, à l'article 7 de la déclaration des droits, qui s'exprime ainsi.

Ce qui n'est pas déffendu par la loi, ne peut être empêché.

Nul ne peut être contraint à faire ce qu'elle n'ordonne pas.

Et l'on ajoute , la loi ne peut pas me déffendre l'exercice de mes droits naturels. Donc, etc. etc. Le défendre, non, mais en autoriser en votre personne toute l'étendue, c'est impossible.

Cette étendue n'existe que dans l'état de nature , et par conséquent avant ou hors la civilisation. Voulez-vous rentrer

dans l'état de nature, vous ferez peut-
être bien ; allez dans les forêts de l'Amé-
rique. Mais comme vous n'y pourriez faire
aucun usage de votre droit d'y imprimer
votre pensée quelconque , trouvez bon
qu'en société on exige que vous donniez
à votre pensée des formes civiques , sans
lesquelles votre pensée seroit peut - être
trop incivile.

. Je trouve donc que le dernier paragraphe
de l'art. 355 , *toute loi prohibitive* , *etc. etc.*
est non-seulement le correctif indispensable
de l'abus auquel tend l'art. 453 , mais qu'il
est essentiellement constitutionnel.

On objecte à ceci : *Nul ne peut être
contraint à faire ce que la constitution
n'ordonne pas.*

. Cela n'est pas vrai , cela est absolument
faux. L'art. 7 s'exprime ainsi : ce qui n'est
pas défendu par la loi ne peut être empêché.

Notre constitution nous soumet au texte
littéral de loi , ou des lois qui la met-
tront en activité. Ainsi toutes les lois qui
découleront de la constitution seront cons-
titutionnelles.

On demande alors et enfin comment une

loi si répressive qu'elle ne se trouve pas dans l'esprit de Robespierre, peut se trouver dans l'esprit de la constitution. Ceci est un peu spirituel; il faut y répondre avec du bon sens.

Le bon sens dit, que, si les législateurs, en se donnant une constitution, se déterminent à une des combinaisons politiques dont j'ai parlé, et l'exécutent par un certain nombre de lois véritablement organiques du corps social, ils ont une prévoyance qui leur fait sentir la nécessité de donner au gouvernement, comme puissance conservatrice, le moyen de s'opposer à la force perturbatrice d'événemens qui n'existent pas sous les yeux des législateurs, mais qu'ils entrevoyent dans l'obscur avenir. Et voilà pourquoi l'article 355, qui ne stipule aucune restriction au principe de la liberté de la presse, prévoit le cas d'en faire une prohibitive, mais annonce déjà dans l'acte constitutionnel que le cas prévu, existant, la loi qu'il faudra appliquer à ce cas, *ne sera pourtant que provisoire, et n'aura d'effet que pendant un an au plus, à moins qu'elle ne soit renouvellée.* Ce cas est celui de troubles, d'agitations, de factions. Est-il arrivé ? Nul doute pour les républicains depuis le 13 vendémiaire.

Je voudrois, citoyens, épuiser mon sujet, sans épuiser votre attention, mais il me reste encore à répondre à une objection qui mérite une réponse.

Comment, dit-on, ne pas trouver funeste une loi que Robespierre n'osa faire dans le temps de la terreur ? Tel est, citoyen, le langage de notre tems ; la postérité en pourra tenir un autre quand l'équitable histoire lui apprendra que Robespierre quitta les comités six semaines avant le 9 thermidor ? Je reviens à l'objection. Il est vrai qu'à cette époque, la seule loi qu'on puisse comparer à l'art. 35 dont il s'agit, fut rendue au rapport de Barrere contre les allarmistes, et que les journalistes en furent beaucoup moins allarmés qu'ils ne le sont aujourd'hui. En effet, l'art. 35 respecte les principes et la liberté de la presse, par laquelle les méditations philosophiques proposent d'utiles vérités, et frappent dans les journalistes l'abus aussi facile que perturbateur de prodiguer des mensonges, des calomnies ;

tandis que les anciens comités de gouvernement ayant absorbé toutes les forces de compression , n'eurent plus besoin d'aucune répression. Ainsi donc , l'art. 35 de la loi du 19 fructidor , loin de porter atteinte à l'acte constitutionnel , est un hommage précis à l'art. 11 de la *Déclaration des droits* , et à l'art. 355 , qui garantit d'autant plus expressément le droit exercé par la liberté de la presse , qu'il l'empêche de succomber sous des abus qu'il eût été également impossible sans cet article de supporter , et pourtant de réprimer.

Cette considération majeure , ainsi que les observations que nous venons de vous soumettre , doivent vous faire juger , 1°. que l'art. 35 de la loi du 19 fructidor est dans la prévoyance et l'énoncé de la constitution , art. 355 ; 2°. Les événemens , depuis le 13 vendémiaire , vous prouvent que la prévoyance et l'énoncé de l'art. 355 de la constitution s'appliquent à notre situation actuelle. Ces considérations ont déterminé votre comité à vous offrir les élémens de la loi qu'on eût pu faire ; et pourtant à vous proposer de passer à l'ordre du jour sur la proposition de la discuter maintenant.

Toutefois, citoyens, vous voyez que cet art. 35 est essentiellement provisoire; le corps législatif peut le changer, le rapporter ; et vous sentez que votre surveillance pour tous les intérêts de la plus grande liberté, peut seconder utilement la prévoyance du gouvernement sur la sûreté générale. Nous n'avons donc plus qu'à vous proposer d'ouvrir la discussion qui pourra déterminer le genre de surveillance dont l'exercice vous paroîtra servir la liberté.

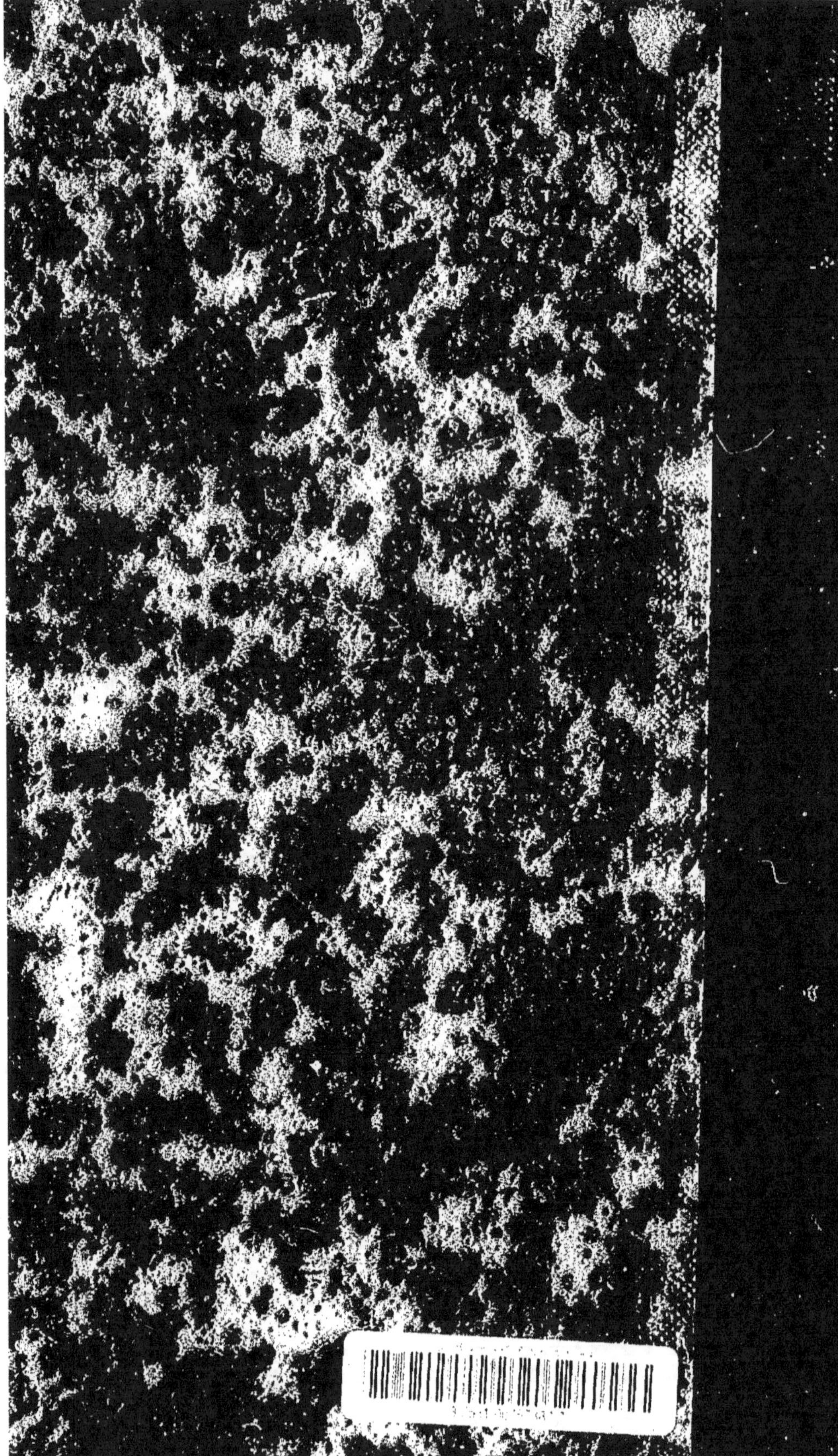